CATALOGUE

DE

TABLEAUX

LIVRES

Sur l'Architecture, les Sciences, la Littérature, etc.

ESTAMPES

Composées de Vues de Monuments de Paris, des Environs et Châteaux de France

PAR

ISRAEL SILVESTRE, JEAN MAROT ET PERELLE

ORNEMENTS

Par Cuvilliez, Lepautre, Daniel Marot, etc.

MONUMENTS ET ANTIQUITÉS par PIRANÈSE

BIBLIOTHÈQUE & SECRÉTAIRE

LA VENTE AURA LIEU

*Par suite du décès de M. de ***, Architecte*

HOTEL DES COMMISSAIRES-PRISEURS

Rue Drouot, n° 5

SALLE N° 3, AU 1er

Le Lundi 3 Février 1862, à une heure.

Par le ministère de Me **DELBERGUE-CORMONT**, Comm^{re}-Priseur,
8, rue de Provence,

Assisté de **M. ROCHOUX**, Marchand d'Estampes,
19, quai de l'Horloge,

CHEZ LEQUEL SE DISTRIBUE LE CATALOGUE

EXPOSITION PUBLIQUE

Le Dimanche 2 Février 1862, de une heure à quatre heures.

1862

RENOU & MAULDE

IMPRIMEURS DE LA COMPAGNIE DES COMMISSAIRES-PRISEURS

Rue de Rivoli, n° 144.

CATALOGUE

DE

TABLEAUX

LIVRES

Sur l'Architecture, les Sciences, la Littérature, etc.

ESTAMPES

Composées de Vues de Monuments de Paris, des Environs et Châteaux de France

PAR

ISRAEL SILVESTRE, JEAN MAROT ET PERELLE

ORNEMENTS

Par Cuvilliez, Lepautre, Daniel Marot, etc.

MONUMENTS ET ANTIQUITÉS par PIRANÈSE

BIBLIOTHÈQUE & SECRÉTAIRE

LA VENTE AURA LIEU

*Par suite du décès de M. de ***, Architecte*

HOTEL DES COMMISSAIRES-PRISEURS

Rue Drouot, n° 5

SALLE N° 3, AU 1er

Le Lundi 3 Février 1862, à une heure.

Par le ministère de **Mᵉ DELBERGUE-CORMONT**, Commᵉ-Priseur,
8, rue de Provence,

Assisté de **M. ROCHOUX**, Marchand d'Estampes,
19, quai de l'Horloge,

CHEZ LEQUEL SE DISTRIBUE LE CATALOGUE

EXPOSITION PUBLIQUE

Le Dimanche 2 Février 1862, de une heure à quatre heures

1862

ORDRE DE LA VACATION

Estampes. — Tableaux et Dessins. — Livres. —
Bibliothèque, Secrétaire, Niveau, etc.

CONDITIONS DE LA VENTE

Elle sera faite au comptant.

Les acquéreurs paieront en sus des adjudications,
CINQ pour CENT, applicables aux frais.

DÉSIGNATION

TABLEAUX & DESSINS

FRANQUE (École de)

1 — La Musique, petit tableau sur cuivre.

2 — La Vanité, petit tableau sur cuivre.

BASSAN (d'après le).

3 — La Nativité, petit tableau sur cuivre.

ROTTENHAMER (manière de).

4 — La Magdeleine dans le désert, sur cuivre.

ANCIENNE ÉCOLE FLAMANDE

5 — Le repos de la Vierge, d'une charmante couleur.

TOURNIÈRE (manière de).

6 — Fleuriau d'Armenonville (Joseph-Jean-Baptiste), ministre de la marine de 1716 à 1722, garde des sceaux du roi en 1722, en remplacement de d'Aguesseau, jusqu'en 1727 ; mort le 27 novembre 1728, au château de Madrid près Paris, où le roi lui avait donné une retraite.

TOURNIÈRE (manière de).

7 — Fleuriau, comte de Morville (Charles-Jean-Baptiste), fils du précédent. ministre de la marine en remplacement de son père, en 1722 ; membre de l'Académie française en 1723, ministre des affaires étrangères la même année, après la mort du cardinal Dubois. Il dirigea ce ministère jusqu'en 1727. Il est mort le **2 février 1732.**

NATTIER.

8 — Portrait de Mlle de Beaujolais, fille du régent. Tout le charme de la peinture de Nattier est répandu dans ce rare portrait.

Le Musée de Versailles possède le portrait de cette princesse, peinte aussi par Nattier, mais âgée seulement de 12 ans. Celui que nous offrons ici est beaucoup plus beau et plus intéressant.

9. — Portrait du duc de Bourbon-Penthièvre, grand amiral de France. Magnifique peinture,

NESTCHER (Constantin).

10 — Portrait de Mlle de Lafayette, charmante peinture, dans une bordure ovale en bois sculpté avec élégance et légèreté et d'une dimension rare à rencontrer.

Nous croyons devoir appeler l'attention sur ces portraits qui se recommandent non-seulement par le mérite de la peinture, mais encore par l'importance historique des personnages.

RAOUX.

11 — Jeune fille écrivant à la lueur d'une lampe.
Très-joli tableau d'un maître dont les ouvrages sont recherchés.

ÉCOLE FRANÇAISE.

12 — Diane considérant Endymion endormi.

13 — Deux gouaches représentant des ruines et fai-
sant pendant. Encadrées.

14 — Deux gouaches représentant des paysages et
formant pendant. Encadrées.

15 — Quatre gouaches de même dimension représentant des paysages.

G*** (Architecte).

16 — Décorations d'intérieur, plafond. 7 dessins.
Ce numéro pourra être divisé.

MARTINET.

17 — Dessins historiques à la plume, lavés à la sépia.
12 pièces sous verre.

PIRANÈSE (manière de).

18 — Vues de monuments. 3 dessins.

ESTAMPES

Vues de Monuments de Paris, de la France et de l'Italie.

19 **Bellicard.** Vue de la nouvelle église de Sainte-Geneviève, coupe, élévation, d'après Soufflot. 4 pièces.

20 **Blondel** (d'après). Élévation du fond et du côté droit du chœur de Notre-Dame de Paris. 3 pièces.

21 **Divers.** Vues des château, jardins et fontaines de Liencourt, château, abbaye de Quincy, château de Irrois, en Champagne ; église de St-Etienne de Sens ; église des Minimes, de Tonnerre ; Ancy-le-Franc ; Grenoble ; château de Bury, en Blaisois ; de Pont, du côté des parterres ; de Blérancourt ; diverses vues d'Italie, par Is. Silvestre ; quelques autres pièces par J. Marot, Perelle, Labelle. 67 pièces en un album in-fol. oblong cartonné.

22 **Janinet.** Intérieur de la paroisse de Saint-Philippe-du-Roule, de la Sorbonne, des Quatre-Nations ; vue du Palais-Royal, cette dernière en couleur. 4 pièces d'après Durand.

23 **Labelle** (Et. de). Le Pont-Neuf, la Place-Royale. 2 jolies petites pièces, la première avant le titre.

24 **Marot** (Jean). Notre-Dame, les Feuillants, St-Sulpice, St-Eustache, St-Germain-l'Auxerrois, le Noviciat des Jésuites, Ste-Élisabeth. 7 pièces, premières et très-belles épreuves, avec l'adresse de *Van Merlen*.

25 — Porte de l'entrée du château du Louvre, hôtel Liancourt, de la Vrillère, de Chevreuse ; église des Minimes, des Chartreux, de Sorbonne. 14 pièces

26 — Maison et bureau des marchands drapiers, à Paris. Belle pièce.

27 — Grande vue des Tuileries, en plusieurs feuilles réunies, encadrée dans une bordure dorée.

28 — Mausolée pour les obsèques de la reine de la Grande-Bretagne, à Saint-Denis, le 20 novembre 1669. 1 pièce.

29 **Moreau** (le Jeune). Place de Louis XV. Charmante petite pièce.

30 **Perelle**. Porte de la Conférence; perspective de Paris, vue du Pont-Royal; place du Pont-Neuf, place Dauphine; Pont-Neuf du côté du Louvre; porte St-Antoine; tête de l'Isle du Palais ; Val-de-Grâce, etc. 26 pièces. *Ce numéro pourra être divisé.*

31 — Grotte, jets d'eau à St-Cloud ; arc du jardin de Ruel. 6 pièces.

32 **Piranèse**. Monuments de Rome, en deux vol. grand in-fol. 93

Vases, bas-reliefs, trépieds, etc. 39

Antiquités d'Albano, etc. 45

Monuments divers 48

Candelabres, vases, urnes, trépieds, etc. 44

Monuments encadrés. 1

En tout 273

Les pièces composant ce numéro seront mises sur la table dans leur ensemble. Si l'enchère offerte n'est pas suffisante, on les divisera.

33 **St-Far** (EUSTACHE de). Vue du décintrement du pont de Neuilly. Grande et belle pièce.

34 **Silvestre** (Is.). Porte de la Conférence ; la Grotte de Meudon ; Arsenal ; vue du pont de l'Hôtel-Dieu de Paris, F. 48, 2, 4, 8 et 10. 4 pièces très-belles, épr. au 1er état.

35 — Vue et perspective du gros pavillon des Tuileries et de la grande galerie du Louvre ; des Tuileries et de la grande écurie ; de la galerie du Louvre dans laquelle sont les portraits des rois, des reines, etc. F. 49. 4, 5 et 9. 3 pièces 1er état.

36 — Vue et perspective du dedans du Louvre, fait du règne de Louis XIII. F. 49-8. 1er état. *Rare.*

37 — Vue et perspective du Cours de la Reine mère. *Faucheux* 50, n° 2, pièce gravée par Goyran sur le dessin de Silvestre. Superbe épr. du 1er état. *Rare.*

38 — Vue et perspective de la tour de Nesle et de l'hôtel de Nevers, F. 50, n° 4. Gravée par Goyran, sur le dessin de Silvestre. *Des plus rares* à trouver de cette beauté.

39 — Eglise et cour du Temple ; église Saint-Martin-des-Champs ; église Notre-Dame de Boulogne ; village et pont de Charenton ; pont et temple de Charenton ; 50, nos 1, 3, 5, 6, 7 et 8. 6 pièces gravées par Goyran sur le dessin de Sylvestre.

40 Vue de l'abbaye Saint-Germain-des Prés ; maison abbatiale de Saint-Germain-des-Prés ; F. 51-18-19. 2 pièces, très-belles épreuves.

41 Vue du château de Gaillon, en Normandie. 54-9. Jolie pièce, très-belle épreuve.

42 — Place Royale, Hôtel-de-Ville de Paris. F. 62-1
et 2. 2 pièces, très-belles épr. du 1er état.

43 — Vue du grand couvent des Augustins, qui re-
garde l'isle du Palais, et une partie du château
du Louvre. F. 81. Très-belle épr. du 1er état.

44 — Le grand Châtelet de Paris. F. 88.

45 — Vue de l'hôtel de Soissons, F. 105. Très-belle
épreuve.

46 — Vue et perspective du Luxembourg, du côté
du jardin ; vue du palais du Luxembourg du côté
du jardin, F. 117 - 5 et 10. 2 pièces, très-belles
épreuves.

47 — Vue de la maison de M. de Bretonvilliers et de
l'isle Notre-Dame ; vue et perspective de la maison
de madame de Bretonvilliers. 1er état, F. 119 - 1
et 3.

48 — Perspective de l'église Notre-Dame, vue de la
place de Grève, F. 125 - 1. Très-belle épreuve du
1er état. *Rare.*

49 — Vue de l'église des Bernardins, à Paris, F. 83 ;
du quai des Augustins et pont Saint Michel. 140.
2 pièces.

50 — Vue de l'hôtel Vendôme, à Paris, F. 107. Très-
belle épreuve.

51 — Vue de la Sainte-Chapelle et de la Chambre des
comptes de Paris, f. 145. Superbe épreuve du
1er état. *Rare.*

52 — Vue de la maison et jardin du grand prieur
du Temple, F. 158. Très-belle épr.

53 — Face du château de Bury-Rostaing, F. 182; du château de Chavigny en Touraine, 193; du château de Madrid, 236; du château de Pont-en-Champagne, 275; 5 pièces. Très-belles épr. du 1er état.

54 — Vue du château de Chantilly, F. 187. Très-belle épr.

55 — Vue du prieuré et village de Croissy, près de Saint-Germain-en-Laye, F. 206. Très-belle épr. *Rare*.

56 — Profil de la ville de Poissy, F. 274. Belle pièce.

57 — Vue de l'entrée du château de Grosbois, du même château, du côté du jardin, F 224. 3 pièces. Très-belles épr.

58 — Vue et perspective de la face du château de Rincy; du même, du côté des Offices; F. 282. 2 pièces. 1er état.

59 — Liancourt. Vue de l'hôtel, du côté du jardin, à Paris; château de Liancourt, face du côté des cascades; du côté du grand parterre; du côté du jardin à fleurs; du côté de l'anticourt; vue d'une partie du château et d'un parterre. 6 pièces.

60 — Sépulture des Valois, à Saint-Denis; châteaux de Berny; Bourbon-l'Archambaut; Fresnes; Lusigny-en-Brie; Tanlay; Vincennes; Saint-Maur; Escoan; Maison; etc. 32 pièces. *Ce numéro sera divisé*.

61 — Vue de Montefiascone; place de Montecavallo; partie du Capitole; église de la Madone du peuple; Sainte-Agnès, etc. 20 pièces, vues d'Italie.

ORNEMENTS

62 **Alberti** (Cherubino). Vases d'après Polidore de Caravage, 7 pièces ; vases et trophées d'après le même, par Galestruzzi, 7 pièces.

63 **Berain** *inven. Jérémie Wolff excud.* 7 pièces.

64 **Cochin** (Manière de). Décoration pour une fête sous Louis XV, avec nombreux costumes. Épreuve d'eau-forte.

65 **Cuvilliés**. Cartouches ornementés. 6 pièces.

66 — Plafonds. 6 pièces.

67 — Rampes d'escalier, décoration de lambris ; tables. 7 pièces.

68 **Decker** (P.). Architecture, décorations intérieures, plafonds, etc. 50 pièces.

69 **Divers**. Chiffres, frises, cartels du temps de Louis XIV ; lettres ornées du XVIe siècle, sur bois ; fleurs, guirlandes et oiseaux de Pillement ; petits trophées pour les bijoutiers et graveurs, par Bertrand ; vases, écussons, par Ch. Eisen ; brasiers, par Loir ; culs-de-lampe, etc. 179 pièces en un album in-fol. oblong. Cartonné.

70 — Ornements de Meissonnier, Jean Marot, etc. 37 pièces.

71 — Grilles, arabesques, médaillons. 27 pièces, ornements.

72 **Julienne** (composé et lithographié par). Ornements. 6 pièces.

73 **Lepautre**. Plafonds. 6 belles pièces.

74 — Frises et ornements. 6 pièces à 2 sur la même feuille.

75 — Frises ou montants pour l'utilité des lambris. 6 jolies pièces.

76 — Frises, feuillages et autres ornements. 6 pièces à deux sur la même feuille.

77 — Frises, feuillages et ornements. 6 pièces à trois sur la même feuille.

78 — Morceaux d'ornements pour servir aux frises et corniches. 6 pièces à quatre sur la même feuille.

79 — Ornements de panneaux. 6 belles pièces.

80 — Ornements de panneaux pour enrichir les lambris. 10 pièces.

81 — Grotesques et moresques à la romaine. 6 belles pièces.

82 — Grotesques et moresques, beaux panneaux. 18 pièces.

83 Fontaines, cuvettes, burettes, dans de beaux cartouches richement ornementés. 14 pièces.

84 — Vases et fontaines. 20 pièces.

85 — Retables d'autels, tabernacles, bancs-d'œuvre; portes de chœurs avec leurs jubés, etc. 20 pièces.

86 — Cheminées. 19 pièces.

87 — Serrurerie. 5 belles pièces.

88 — Alcôves. 30 pièces.

89 — Frises, feuillages, termes, trophées, cheminées, chiffres, cabinets, etc. 67 pièces. *Ce numéro pourra être divisé.*

90 — Quatre vases encadrés.

91 **Lepautre** (par et d'après). Plafonds, grilles, vases, etc. 67 pièces.

92 **Lepautr**. (Pierre). Lambris, panneaux, portes avec placards, cheminées. 6 pièces.

93 **Marot** (Daniel). La grande salle d'audience de La Haye, où les états-généraux des proviuces unies reçoivent les ambassadeurs. Grande et belle pièce, précieuse pour la richesse de décoration. *Rare*.

94 — (par et d'après). Plafonds, corniches, panneaux, grilles, balcons, etc. 21 pièces.

95 **Meissonnier** (d'ap.). Élévation d'un des projets de l'autel de Saint-Leu, à Paris, gravé par Hérisset.

96 **Picart** (Bernard). Têtes de pages, culs-de-lampes, lettres ornées. 15 pièces.

97 — Voûte de la chapelle de Sceaux, d'après Lebrun ; du petit appartement du roi, à Versailles, d'après Mignard. Deux plafonds.

98 **Queverdo**. Panneaux d'ornements, époque Louis XVI. 4 pièces.

99 **Saly et Vien**. Vases. 11 pièces.

PIÈCES DIVERSES

100 **Bonnet**. L'Amour guidant la main d'une jeune fille qui écrit ; Jeune fille ayant devant elle des Amours couchés sur des roses. 2 pièces à plusieurs crayons, d'après Huet. Avant toute lettre.

101 — Les grandes Misères de la guerre, par J. Callot.
Suite complète de dix-huit pièces, très-belles ép.
avant que les mots *Israël excudit* n'aient été effa-
cés. Les vers dans la marge du bas ont été coupés.
Une pièce de l'école de Fontainebleau ; Table
chronologique, par Pierre Lepautre. 5 pièces
rares. Diverses autres pièces, par Cuvilliez, Lepautre, Labelle, etc. 75 pièces en un album in-
fol. Cartonné.

LIVRES

102 — Alliances généalogiques des rois et princes de
la Gaule, par Claude Paradin. Lyon, Jean de
Tournes, 1561. Petit in-fol., planches gravées sur
bois par Salomon Bernard.
103 Bavaria Sancta. Planches gravées par Raphaël
Sadeler. Les deux parties reliées en un seul volume. 1615-1624, petit in-fol. Très-belles épr.
parfaitement conservées.
104 Livre sur le Grand-Œuvre, par Henri Conrad,
sans lieu ni date. In-4º. Ouvrage avec des figures
alchimico-mystiques des plus curieuses. — A la
fin du volume, on a ajouté en manuscrit la censure
que la Sorbonne fit de ce livre en 1625.

— Les proportions du corps humain, par Al-
bert Durer. Traduit par Louis Meigret. Arneem,
1614. In-4º. Quelques planches sont endomma-
gées.

105 Entrée triomphale de Ferdinand d'Autriche dans
la ville d'Anvers. Planches gravées par Van Thul-
den, d'après les décorations exécutées par Rubens
pour cette fête. Anvers. Meursius 1635 Grand in-
fol. Très-bel exemplaire d'un ouvrage magnifique.
Il n'a jamais été rogné et toutes les planches sont
intactes.

106 Les statuts de l'ordre du St-Esprit, avec vignettes
et fleurons, de Seb. Leclerc. Paris, imprimerie
royale, 1724, in-4°. Magnifique reliure du temps.

107 Sebastiani Serlii Bononiensis de architectura libri
quinque. Venetiis, 1569. Un vol. grand in-4°. fig.
sur bois.

108 Livre d'architecture de Jacques Androuet Ducerceau, contenant les plans et dessins de 50 bâtiments différents, etc. Paris, Jean Berjon, 1611.
Incomplet.

109 Les quatre Livres de l'architecture, d'André Pal-
ladio, mis en français. Paris, de l'imprimerie
d'Edme Martin, 1650. 1 vol. in-fol., figures sur
bois.

110 I dieci libri d'architettura di Gio Antonio Rasconi,
in Venetia, 1660. Grand in-4°, fig. sur bois.

111 Le magnifique château de Richelieu, ou les plans,
les élévations et profils dudit château, gravé par
Jean Marot. 19 planches en 1 vol. in-4° oblong.

112 Les délices de Paris et de ses environs, ou Recueil
de Vues perspectives des plus beaux monuments
de Paris, des maisons de plaisance situées aux environs de cette ville et en d'autres endroits de la
France, le tout en 210 planches dessinées et gra-

vées pour la plus grande partie par Perelle. Paris,
chez Jombert, 1753. 1 vol. in-fol. demi-reliure.
Il existe sur la feuille du titre une jolie petite vue
de Paris, par *Mag. Hortemels Cochin.*

113 De la distribution des maisons de plaisance et de
la décoration des édifices en général, par J -F.
Blondel. Ouvrage enrichi de 160 planches. Paris,
Jombert, 1737. 2 vol. in-4°, rel. v.

114 Cours d'architecture ou Traité de la décoration,
distribution et construction des bâtiments, contenant les leçons données par J.-F. Blondel, architecte, publié de l'avis de l'auteur par M. R. —
Paris, chez Desaint, 1771. 4 vol. de texte et 2
vol. de planches.

   — Cours d'architecture commencé par Blondel,
continué par Patte. Vol. 5 et 6. Planches pour le
5e vol. En tout 9 vol. in-8°, rel. v.

115 Cours d'architecture, par C.-A. Daviler, architecte,
enrichi d'un grand nombre de planches, par Pierre-
Jean Mariette. Paris, 1750. 1 vol. in-4°, rel. v.

116 Paris moderne, ou choix de maisons construites
dans les nouveaux quartiers de la capitale et des
environs, par Normand aîné. Paris, Normand,
Bance et Carillian Cœury, 1843. 2 vol. in-4°, demi-
reliure.

117 Traité théorique et pratique de l'art de bâtir, par
Jean Rondelet, supplément par G. Abel Blouet.
Paris, Didot frères, 1847. 2 tomes in-4°, l'un bro-
ché, l'autre en feuilles.

   104 planches in-fol.

118 Parallèle des maisons de Paris, depuis 1830 jusqu'à nos jours, par Victor Cailliat, architecte.
Paris, Bance, 1850. 1 vol. in-fol. cartonné.

119 Encyclopédie d'architecture, publiée sous la direction de Victor Cailliat, architecte, de la 1re année,
novembre 1850 à octobre 1851, à la 10e année,
1er décembre 1860. Paris, Bance. En feuilles dans
10 cartons, plus 4 numéros de l'année 1861.

120 Monuments anciens et modernes. Collection formant une Histoire de l'architecture des différents
peuples à toutes les époques, par Jules Gailhabaud. Paris, Didot, 1850. 4 vol. in-4°, demi-
reliure.

121 L'Architecture, du Ve au XVIIe siècle, et les arts
qui en dépendent, par Jules Gailhabaud. Paris,
Gide, 1858. 4 vol. in-4° et l'atlas de planches in-
fol., demi-reliure.

122 Revue générale de l'architecture et des travaux
publics, journal des architectes et des ingénieurs,
sous la direction de M. César Daly, architecte. De
l'année 1840 à 1860. 18 vol. petit in-fol., demi-
reliure, plus le 19e vol. 1861, nos 1, 2, 3. Broché.

123 Dictionnaire raisonné de l'architecture française,
du XIe au XVIe siècle, par M. Viollet-Le Duc, architecte. Paris, Bance, vol. 1 à 5. Grand in-8°
broché.

124 Monographie du palais de Fontainebleau, dessinée
et gravée par Rodolphe Pfnor, accompagnée d'un
texte historique et descriptif, par M. Champollion-
Figeac. Paris, A. Morel et Cie, 1860-1861. In-fol.
36 livraisons.

125 Recueil d'estampes relatives à l'ornementation des appartements aux XVIe, XVIIe et XVIIIe siècles, gravés en fac-simile par R. Pfnor, d'après Ducerceau, Lepautre, Berain, Daniel Marot, Meissonier, etc., avec un texte explicatif par M. Destailleur. Paris, Rapilly. In-folio. 12 livraisons. Complet.

126 Annales archéologiques, publiées par Didron aîné. Paris, 1859 à 1861 ; de cette dernière année, il manque novembre et décembre. In-4° broché.

127 Commentaires de César (traduction), par Perrot d'Ablancourt. In-4°. Paris, Courbé, 1658. Reliure mar. tr. dorée.

128 OEuvres complètes de Tacite, traduction de Perrot d'Ablancourt. Paris, 1688. 3 vol. in-12.

129 Lucien. Traduction française, par Perrot d'Ablancourt, 1688. 3 vol. in 12, rel.

130 Histoire ancienne, par Rollin. Paris, 1731, 2e édition. 14 vol in-12, rel.

131 Histoire de Paris. 1735. 5 vol. in-12, reliés.

132 Histoire de Louis XIV, par Laury. Rotterdam, 1738. *Édition rare.* In-12 cartonné, 9 vol.

133 Amours de Théagène et Chariclée. Paris, 1743. Jolie édition. 2 vol. in-12, rel. dor. sur tr.

134 Essais historiques sur Paris, par Sainte-Foix. Paris, 1766. 5 vol. in-12.

135 Architecture pratique, par Bullet. Paris, Herissant, 1768. — Les Lois des bâtiments, suivant la coutume de Paris, enseignées par Desgodets. Paris, Debure, 1775. 2 vol. in-8, rel. v.

136 Dictionnaire d'histoire naturelle, par Valmont de
Bomare. Paris, 1768. 6 vol. in-8, rel.

137 Histoire naturelle de Buffon. Paris, de l'imprimerie royale, 1769. 14 vol. in-8, rel.

138 Fables de La Fontaine, traduction en vers latins
en regard du texte français, par Giraud. Très-belle
édition, 1775. Grand in-8, 2 vol., rel.

139 Mémoires de Sully. 1778. 8 vol. in-12, rel.

140 Encyclopédie. 36 vol. in-4, rel. Planches de l'ouvrage, 3 vol.

141 La Nouvelle Maison rustique. 2 vol. in-4, rel. v.

142 Dictionnaire raisonné de physique, par M. Brisson.
Paris, hôtel de Thou. 1781. 2 vol. in-4, rel. v. et
1 vol. de planches cartonné.

143 Dictionnaire d'histoire naturelle, par Valmont de
Bomare. Lyon, 1781. Quatrième édition. 15 vol.
in-8.

144 OEuvres complètes de Voltaire. 1785. 70 vol. gr.
in-8, rel.

145 Voyage en Italie, par de Lalande. Paris, 1786.
9 vol. in-12, rel., avec atlas et vues de monuments.

146 Traité élémentaire des principes de physique, par
M. Brisson. Paris, Moutard, 1789. 3 vol.

147 Cours de mathématiques à l'usage des élèves du
corps royal du génie, par l'abbé Bossut. Paris, Didot fils cadet, 1790. 3 vol.

148 Daphnis et Chloé de Longus, traduction par un
anonyme. (Jolies vignettes.) Paris, 1798. Belle
impression. In-12, rel. doré sur tr.

149 Histoire de France, par Garnier. Paris, 1786. In-12 rel., 30 vol.

150 Recueil de divers Mémoires extraits de la Bibliothèque impériale des ponts et chaussées, publié par P.-C. Lesage. Paris, Didot, 1810. 2 vol. in-4, rel.

151 Religions, emblèmes, compositions, dessinées par Thurston et gravées sur bois par Nesbit et autres. Londres, 1810. In-4.

Ouvrage très-rare et très-beau, qui fait date dans la gravure sur bois moderne.

152 Histoire de sainte Geneviève de Brabant, gravée par Furich, d'après ses propres compositions. Munich, sans date. Grand cahier oblong.

Les Légendes du Rhin, suite de compositions lithographiées par Thielman. Francfort, 1835. Cahier oblong.

153 Magasin pittoresque de 1833 à 1860. 29 vol, rel. Très-bien conservés. *Ce numéro pourra être divisé.*

154 Introduction à la Mécanique industrielle, par J.-V. Poncelet. Metz, Mme Thiel, 1839. 1 vol. br.

155 Traité élémentaire de physique, chimie, etc., par C. Favrot. Paris, Béchet, 1841. 2 vol. br.

Éléments de physique expérimentale et de météréologie, par M. Pouillet. Béchet, 1837. 2 vol. br.

156 La Revue municipale, de 1848 à 1861, époque à laquelle elle a cessé de paraître. Les années 1848 à 1852 sont reliées.

157 Sous ce numéro seront vendus différents ouvrages
parmi lesquels : Éléments d'histoire naturelle de
Fourcroy ; — France pittoresque, par Abel Hugo ;
— Tite-Live, traduction Brunet ; — Histoire générale et politique de l'univers, traduction de Puf-
fendorf ; — Théâtre de P. Corneille ; — OEuvres
de Racine ; — Esprit des Lois de Montesquieu ; —
Tom Jones, par Fielding ; — Contes de La Fontaine, 1771 ; — Études de la nature, par Bernar-
din de Saint-Pierre, etc.

158 **Bibliothèque,** époque Louis XVI, en bois de
poirier, filets palissandre et ébène, entrées de cuivre. Très-joli meuble.

159 Un secrétaire en acajou, à cylindre, avec ornements en cuivre et dessus de marbre blanc.

160 Un niveau et ses accessoires.

Trois planches grand-aigle.

Trois planches plus petites.

Équerres, etc.

Renou et Maulde, imprimeurs de la Compagnie des Commissaires-Priseurs,
rue de Rivoli, 144.   9103